星火文化

走入心中

靜的好處

許書寧◎著

【目錄】走入心中

CONTENTS

作者自序

平靜與安寧

這部小書所記錄的，是我在二〇一二年參加「避靜」活動時的心情點滴。

所謂「避靜」（Retreat），是天主教會的美麗傳統，邀請個人或團體暫時離開熟悉的日常生活，藉著獨修、靜默與祈禱等操練，在信仰中逐步認識自己，並加深與天主之間的關係。聖詠中所描繪的「我只願我的心靈，得享平靜與安寧；

就像斷乳的幼兒，在他母親的懷抱中。」，或許可說是「避靜」的忠實寫照。

在「與世隔絕」的三天兩夜「避靜」期間，我驚訝地發現，保持靜默雖然是最基本的「避靜手段」，聲音的有無卻不是「安靜與否」的絕對因素。無聲可能吵雜，有聲也可能寧靜……

既然如此，絕對的寂靜為何？言語的意義何在？真正的「靜」是甚麼？聖詠所描述的安躺於母懷中享受「平靜與安寧」的赤子之心，究竟又是怎麼樣的境界？

「避靜」，充滿了問號。

我懷著問號前去，再懷著問號回到日常。七年前如是，今日亦然。人生旅途中，疑問帶領著我跌跌撞撞地摸索前行；藉著不斷的反覆，練習「靜」，渴求「靜」，尋找「靜」，成為「靜」……。

唯願有一天，我也能在「平靜與安寧」中，真正聽見「祂」的聲音。

推薦序

到底發生了什麼事？

林思川神父，方濟會士

《若望福音》第一章3到42節敘述了一個故事：

第二天，若翰和他的兩個門徒，又在那裏站著，若翰看見耶穌走過，便注視著祂說：「看，天主的羔羊！」

那兩個門徒聽見他說這話，便跟隨了耶穌。耶穌轉過身來，看見他們跟著，便問他們說：「你們找什麼？」

他們回答說：「辣彼！——意即師傅——你住在那裏？」

祂向他們說：「你們來看看吧！」他們於是去了，看了他住的地方；

並且那一天就在祂那裡住下了。那時，大約是第十時辰（註：大約下午四點鐘）。

西滿伯多祿的哥哥安德肋，就是聽了若翰的話，而跟隨了耶穌的那兩人中的一個，

先去找到了自己的弟弟西滿，並向他說：「我們找到了默西亞。」——意即基督。

遂領他到耶穌跟前……。

這個故事非常簡單：安德肋和一位同伴聽從師傅若翰的介紹，跟隨耶穌而去，與耶穌同住一宿後，安德肋相信了耶穌就是默西亞，遂立刻把這好消息告訴自己的兄弟伯多祿，並把他領向耶穌。

讀者若是習慣追根究底，大概都會感到好奇：「那一夜」到底發生了什麼事？耶穌和他們談了什麼？他們內心發生什麼變化？為什麼安德肋立刻決定離開本來的師傅，又迫不及待地把自己的兄弟也拉向耶穌……。

可惜，故事本身關於這些問題沒有提供任何線索，讀者只能自行想像或會意。不同的人，可能提出不同的意見。聖經學者可能會說，這些問題不是作者所關心的；宗教靈修學者也許認為，這是神祕經驗，筆墨無法描繪……。

的確，人有許多生命經驗，往往是難以講述或以文字表達。越是觸及內心深處的體驗，越是如此。正因為如此，那些有能力反省自己內心體驗，並能用文字表達而分享與人的，往往最能獲得聽眾或讀者的迴響。基督信仰傳統中有許多這樣傑出的人物，其中之一就是耶穌會會祖聖依納爵．羅耀拉（一四九一～一五五六）。

在我認識的朋友中，也有一些具有這種特殊才華的人，許書寧小姐是其中之一。她把一次參加避靜的經驗化為文字，我在閱讀這幾篇簡短的文章時，想起了上面《若望福音》的故事，對故事中神秘的「那一夜」又多了些想像，因此也樂於向大家推薦這個引人「走入心中」的小品。

01 第一天

聖神立即催祂到曠野裡去，
四十天之久，
受撒殫的試探，
與野獸在一起，
並有天使服侍祂。

《馬爾谷福音》一章 12～13 節

二〇一二年二月二十六日下午五點鐘，八里聖心女中校園內的靈修中心裡，聚集了來自台灣各地的二十八個人。

這群人從事各行各業，年齡不同、個性迥異；他們之間有淺交、有熟識，有久未謀面的熱絡、也有完全陌生的初次見面。無論如何，所有人都撐起雨傘，手提行李，面帶靦腆而善良的笑容，懷抱各自的期待與猜測，邁入這個即將度過兩晚的地方。

我，也是其中之一。

我們，要在這個安寧而美麗的地方「避靜」。

幾個月前，我從「思高電子報[1]」上得知，為了讓基督徒更妥善地度四旬期的生活，林思川

1. 由思高讀經推廣中心發行，主要內容為每主日福音釋義。

Shu-ning

神父準備了一個三天兩夜的「避靜」活動，願意開放給大家報名參加。我發現那日期適逢自己的返臺期間[2]，便興高采烈地報了名，殷殷期盼、一心等待……。

然而，「避靜」是甚麼？

基督徒的「避靜」，最深的根源是效法耶穌。三部福音書中都曾經記載，耶穌受洗後，被聖神引領到曠野中四十天之久，在那裏受到魔鬼的試探。

後來，有一群人發現在安逸的生活中很難找到天主，遂起身走入曠野，渴望藉著外在生活的改變，尋求內心真正的平安。這些早年的沙漠教父逃離世界，將自己從原本熟習的生活環境中連

2. 書寧是臺灣女兒、日本媳婦，往來於兩地。

根拔起，投身於一無所有的曠野。藉著認識自己的軟弱、更藉著明白自己的無能為力，他們全心全意地倚靠天主，透過獨修、靜默、祈禱……，專心地過一個基督徒應有的生活，並吸引世界也願意跟著他們那樣活。

今天，我們也「避靜」，卻不一定進入空無一物的曠野中。

脫離原有環境，進入一個完全陌生的所在，為的是幫助人「專心」，卻非絕對必要。因此，除了某些團體與個人的退省外，教會也會定期舉辦小型的「堂區避靜」，讓大家體驗「曠野中的靜默」。

可惜的是，那樣的避靜經常流於「熱熱鬧鬧地辦活動」，失去通往核心的準確性。

Shu-ning

01 第一天

今年年初，我在東京參加了一個中文避靜活動。主辦單位為了旅居異國的華人著想，專程請來一位在梵蒂岡任職的新加坡籍神師，以母語帶領眾人進入信仰。早上的課程結束後，負責協調的姊妹起身說：

「等一下就是午餐時間了，我想徵求一下大家的意見。用餐的時候你們願意保持靜默呢？還是願意講話？」

台下鴉雀無聲。

對於那標準答案式的沉默，那位姊妹倒是相當習以為常：

「我們來表決一下好了，免得到時候大家無所適從。願意保持靜默的人請舉手。」

我舉起了手。

然後我發現，全場只有我一個人舉手。

四處投來許多訝異與不解的眼光，欲言又止地看著我這初來乍到卻一點兒也不「合群」的存在。

「少數服從多數。」姊妹苦笑著對我說：「我們就講話吧！」

等到真正用餐時，我才醒悟到自己的「舉手」行為，在那環境中顯得多麼傻氣，又是多麼的不合時宜。因為，來自各地的華人聚集在圓桌邊，一邊互相夾菜，一邊互相推讓，有人狼吞虎嚥地往口裡直送叫人懷念的家鄉菜，有人則不斷在各桌穿梭來去、抱鍋拿盤地嘶吼：「還有飯！誰還要添飯？那一桌沒湯啦？過來這邊舀啊！再多吃些粉絲吧，沒關係，廚房還有……對！那是神父從羅馬帶來的餅干，一人拿一塊！」

怎麼辦呢？

既來之則安之，我也只好轉換心情，將「避靜」當成「聽了兩堂很精彩的道理課」。現在既然下課了，就開心暢談，融入團體吧。

那樣的「活動」雖然也好，也受益匪淺，卻總感覺帶著一絲遺憾。

因此，對於這次林神父帶領的避靜，特別是在「保守靜默」這點上，我真是滿心期待。因為，若想由充滿聲音的日常生活中跳入寧靜，畢竟需要花點時間。三天兩夜，應該更能幫助我進入狀況。

離家前，媽媽依依不捨地擁抱了我（是的，就算孩子只離家三天，都足以造成父母心底的牽掛與拉扯。天底下的母親不都如此？），明知故問：

「不能打電話嗎？」

那稍顯孩子氣的問題讓我失笑。

「當然不行。我是要去『避靜』耶！哪裡還接電話。」

「所以，就算是我打，妳也不會接嗎？」語氣中帶著失落。

「對。」我說：「我根本就不會開機。所以請妳別打。」

母親見我回答得如此肯定，便也乾脆爽快地死了心。她與爸爸帶著「送女兒出嫁」的心情（其實早就嫁了⋯⋯），與我揮手道別，相約三天後再見。

前往集合地點的路上，我回想起母親的「愛打電話」，未免忍俊不住。不過笑歸笑，那問話畢竟還是透露著點警鐘的氣味，催迫著我思考。

我開始想，接下來的三天中，我們即將追求的「靜默」究竟是甚麼？

手機關機、網路斷線、有意識地杜絕一切非必要的談話⋯⋯，當然會營造出「安靜」的效果。然而，真正的靜默難道只是安靜？只是不講話？只是不發出聲響？

或者，我該問自己為甚麼追求靜默？

當我真正處於靜默中時，又能「聽」到甚麼？

第一天，我在筆記本中劃下了許多問號。

02 靜而不默

試看，我們把嚼環放在馬嘴裡，
就可叫牠們順服我們，
調動牠們的全身。
又看，船隻雖然很大，
又為大風所吹動，
只用小小的舵，
便會隨掌舵者的意思往前轉動。
同樣，舌頭雖然是一個小小的肢體，
卻能誇大。

《雅各伯書》三章3～5節

放好行李後，距離報到還有點時間，遂在聖心女中美麗的校園內散步。

天空中飄著細細的雨絲。與其說是走在雨裡，感覺更像是步入霧中。冰涼的空氣喚醒了記憶中的倫敦。二〇〇五年秋天，我寄宿於倫敦西區的麥克法蘭家。當時，最叫我驚豔的除了紅瓦屋頂上煙囪的奇特形狀之外，就是「馬路上的磨菇」。秋天的倫敦霧重雨水多，街頭巷尾處處可見生意盎然的菌菇。有些攀附著樹幹，有些由行道樹下的小土堆裡冒出頭來，有些竟然就大辣辣地長在電線桿旁……真可蔚為奇觀。莫怪托爾金[1]筆下的哈比人嗜啖磨菇如命，在如此豐沛的雨露灌溉下，英國的菇菌的確堪稱珍饈。

我選了一條鋪滿落葉的小徑，走進樹林中。

1. 《魔戒》三部曲作者，英國人。

林子裡滿是聲音。

站在溼漉漉的草地上，閉眼，聽見耳邊有風呼呼地吹，像在傾述甚麼。那感覺相當奇妙，好像除了我一人之外，所有的受造物都在吱吱喳喳地說個不停：風在說話，樹在說話，雨在說話，鳥在說話，小蟲子在說話，就連花草也在說話……。一切的一切都在說話，卻在奇妙的靜謐中發言。因此，雖然四處充滿了聲音，卻不覺吵雜，反而造就了難以言喻的安靜。

多麼奇妙。

站在寧靜的林子裡，我赫然發現，唯一發出「巨響」的存在竟是自己。

在這個完全陌生的環境中，我的心還在漂

TATUNG

浮，尚未脫離旅途上的歡樂交談，也還沒從習以為常的喧嚷聲中沉澱。我雖然閉著口，卻「靜」而不「默」；即使不說話，不靠言語發出的聲響卻大得叫人難以忽視。

大自然發出聲音，卻是安靜的。

人即使不發出聲響，卻是吵雜的。

因此，並非「不出聲」就是真正的靜默。

那麼，真正的靜默是甚麼？

第一天的晚餐桌上是可以交談的。由於那是所有參加者共享的第一餐，神父特別准許我們談話，卻要求盡可能壓低音量，以保持情緒的平穩，好能漸漸進入靜默的氛圍。

我坐在桌邊，將飯菜一口口地往嘴裡送，忍俊不住地以全身感覺空氣中特異的緊繃感。華人世界的餐桌難以跳脫歡樂、喜氣洋洋、熱鬧吵雜的既有印象。然而，一旦用餐者刻意壓抑自己的聲音，反而顯得噪音大作、效果音連連。

「砰！」有人不小心甩了門。

「匡噹！」有人不小心摔了碗。

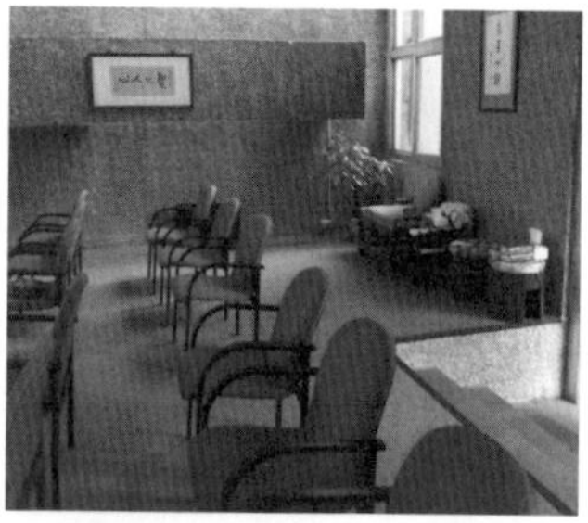

「嘎啦啦！」有人一起身，就讓椅子刮出刺耳的聲響。

「叮咚鏘！鏘叮咚！」所有人似乎都發現自己有打擊樂手的天分，開始以筷代錘、以盤代鼓，熱情無比地演奏了起來……。

一頓飯下來，大家都得了個尷尬的共識：越試圖安靜，就越顯吵鬧；越是「小心翼翼」，就越容易「一不小心」發出聲響……。因為，那是「不自然」的靜默。

自然的靜默是有聲的，有聲而和諧。

刻意的靜默卻是不自然的，不和諧中更顯吵雜。

對我而言，那實在是個既新鮮又有趣的發現。

03 連聖經也不要看！

上主安排了一條大魚，
吞了約納；
約納在魚腹裡，
三天三夜。
約納從魚腹裡，
祈求上主，
他的天主。

《約納先知書》二章 1 ～ 2 節

晚餐後，我們聚集在修院三樓的小客廳，聆聽林神父的第一堂談話。

這次避靜，神父分享了三個明確的主題：獨修、靜默、祈禱。針對每一個主題，神父各用約莫一個鐘頭的時間做初步的介紹與帶領；接下來，就讓我們在各別的時空內獨自進行操練。

第一天的談話算是引言，神父先大略介紹了「避靜」的歷史起源，再給出一些獨修時的建議，以及簡單易行的基礎祈禱方式。

那天晚上，有一句讓我感覺如雷轟頂的「建議」。

「請容許我給你們一個新的挑戰。」

只見林神父站在前方，笑咪咪地說：

「這三天內，請大家『不要閱讀任何資料』！除了我現在發給你們的一張資料之外，什麼也不看，什麼也不讀……是的，連聖經也不要看。」

連。聖。經。也不要看！

我坐在那裡，瞠目結舌，完全不敢相信剛剛入耳的幾個字。那樣的言語若在別的時空聽見，已經足夠叫人驚訝；更何況是在這個所有人渴望接近天主、聆聽天主聖言的「避靜」期間，而且是由。林。思。川。神。父。口中說出的！

認識林神父的人都知道，這位認真的司鐸比誰都明白基督徒讀經的必要。他一向苦口婆心地帶領，甚至到「含淚」苦苦哀求大家每天讀經的

03 連聖經也不要看！

地步。我甚至一廂情願地感覺，神父的面容幾乎已經能與「讀經」劃上等號！因此，聽見他輕描淡寫地給出「不要讀經」的建議，實在令我難以置信。

我想，當時感到驚訝的人一定不只我一個。因為，幾乎所有人都將自己那本翻慣了的聖經，千辛萬苦地從家裡扛到靈修中心來了。現在，又厚又重的聖經正可憐兮兮地攤在每個人膝上，頓時化為一本沉重得無法翻開的書。那情況還真驚悚！

我忍不住笑了，在心底笑得幾乎沒翻過去。

實在太有趣了！林神父的帶領總是充滿叫人驚奇的幽默感，讓我大開眼界，拍案叫絕。這個「三天內不要讀經」的建議，既然是從深知讀經重要的林神父口中說出，就一定有其難以言喻的理由。況且，神父給的並非什麼過度的要求（譬如，要我們使用沒準備的東西）；他只不過要我們備而不用，暫時放下原有的習慣，別用從家裡帶來的東西而已。因此，我沒有理由不遵守。

總該先相信，不是嗎？

倘若不相信，我又何必到這裡來呢？

於是，出於信賴，我將讀經習慣「關機」三天。從那一刻起，直到離開為止，聖經一直躺在寢室的書桌上，沒被翻開過。

至於那張我們「唯一被允許閱讀」的資料，則是由《默觀祈禱》[1]中節錄的「呼吸操練」。神父自己做過個人操練後，覺得適合推薦給大

1. 上智文化出版，嘉里克斯神父（Franz Jalics，SJ）著，田毓英譯。

家，便將方法簡單列於紙上，邀請我們在避靜期間找時間嘗試。

呼吸操練

◇感覺你的呼吸，試著一步步的跟著呼吸

◇然後呼吸的方向往下移動，慢慢地從後邊到達口腔。空間加大了，並且更接近了。

◇有沒有空氣進入口腔？

◇注意聽你的喉嚨。你如何感覺空氣在喉嚨裏流動？

◇把你的注意力移到喉頂。那是一段長路，感覺一步步往前進。

◇空氣是怎樣通過喉頭，沿著氣管流向支氣管？

◇空氣再從支氣管分散到肺裏。你感覺到空氣經過支氣管嗎？

◇我們現在來到肺部。你感覺如何？

◇把注意力集中到肋骨上。肋骨隨著呼吸而律動。你有感覺肋骨的起伏嗎？

◇橫隔膜在胸腔的下方。這裡是呼吸運動的原動力，會上下移動。你感受到了嗎？

◇再將你的注意力往前移。試著直接感覺橫隔膜下方的器官，這些器官因呼吸而向下擠壓，再回復原來的高度。

◇進一步注意腹腔，試著意識空氣向下擠動你的腹部，又回到原位。要非常專注地停留在當下。

◇繼續以熱烈的興趣停留在覺察中，那裡正發生什麼事？

◇繼續覺察，不要中斷。

◇默想的特性是：保持清醒，臨在當下，無關喜好，堅決地只專注於當下。

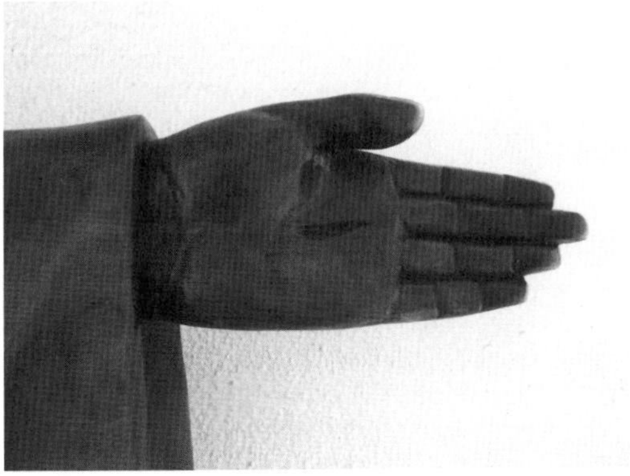

回到房間後，我與室友喬茵阿姨很有默契地各據一角，於沉默中各做各的事。我反覆看著那張唯一被允許閱讀的文字，決意先將流程記憶下來，好讓等一下嘗試時不用分心再讀。

準備得差不多後，我將枕頭墊高、端坐於床上，開始有生以來第一次「呼吸操練」。那體驗的確新鮮有趣，幫助我的意識集中，呼吸也自然變慢。只不過，事實證明我似乎選錯了首度操練的時空……，因為，自己的記憶似乎就停在「橫隔膜」，遲遲不肯繼續往下。當我好不容易回過神來時，已經整個人滑進被窩，呼呼睡過一回合了。

慘敗……

我只好認輸，乾脆熄燈睡覺，一夜無夢。

第一次「呼吸操練」得到的寶貴教訓是：**這操練千萬別在床上做！**

04 摸黑

在起初天主創造了天地。
大地還是混沌空虛，
深淵上還是一團黑暗，
天主的神在水面上運行。
天主說：「有光！」就有了光。
天主見光好，就將光與黑暗分開。

《創世紀》一章 1 ～ 4 節

清晨五點鐘，睜眼。

四周一片漆黑寧靜。漆黑得徹底，寧靜得叫人打從心底發慌。

我悄悄鑽出被窩，再悄悄讓雙腳滑入拖鞋內……。然而，周遭的「靜」簡直就像一張過度緊繃的羊皮鼓面，我越是「悄悄」動作，就越像往那鼓上亂灑炒豆，乒乓乒乓不得安寧。

在不吵醒室友的前提下，我費力地在房間內摸索前進。先摸到衣櫃邊，拿出昨晚整理好的換洗衣物和盥洗用具；再摸到門邊，撈起房門鑰匙，開門、關門、鎖門、離開。

門的外面和裡面一樣暗。

04 摸黑

隔著一整面長廊的玻璃窗，可以窺見室外與室內同樣漆黑。幸好，我於昨晚事先探過路，知道了大略方向；便放心大膽地朝著發出微弱光源的地方走，費了好一番功夫，終於順利抵達位於樓梯間的浴室。

沖澡過後，我神清氣爽地踏上歸途，卻沒想到回程比去程更困難。

大地依然沉睡，太陽遲遲不肯露臉；因此，剛從明晃晃浴室出來的我，得先讓瞳孔適應外面的黑暗，才敢舉步往回走。黑幽幽的長廊看起來漫無止境，實在駭人。我貼著有窗戶的邊牆走，每踏出一步就得忍受塑膠拖鞋在磨石地板上發出的尖銳聲響，多麼尷尬。

「真奇怪！我怎麼不記得這道走廊有這麼長？」

在黑暗的統率下，世界似乎失去了原有的秩序。所有的形體、樣貌、輪廓線都消失無蹤，叫我感覺心惶惶地無路可行、無法可循。好不容易，走到約莫是自己房間的位置時，我再度陷入一陣驚慌失措。因為，在黑暗中，每一扇房門看起來一模一樣……。

現在回想雖然不免好笑，當時可真是著了慌。我站在那宛如迷宮的長廊裡，面對一整列外貌完全相同的「可能性」，手持鑰匙，卻認不出「對」的那扇門。

我墊起腳尖，試圖觸摸房門頂端的號碼牌，

心中暗暗祈禱那數字就算不是浮雕，也是剪貼上去的薄紙片，讓我至少能憑觸覺辨認出房號。只可惜，那樣的努力徒勞無功。號碼牌是整個印刷上去的，光滑無痕。

怎麼辦？

我呆立在黑暗的走廊中，手足無措。看起來一定像極了不小心從尤加利樹上摔落的無尾熊，在昏頭轉向中露出不敢置信的表情，腦袋陷入完全的空白。因為，我總不能每扇門都「試開看看」呀！難道，非得吵醒整棟房子的人不可嗎？

在起初……大地還是混沌空虛，深淵上還是一團黑暗

黑暗、毫無秩序、與自己的無助……讓我不

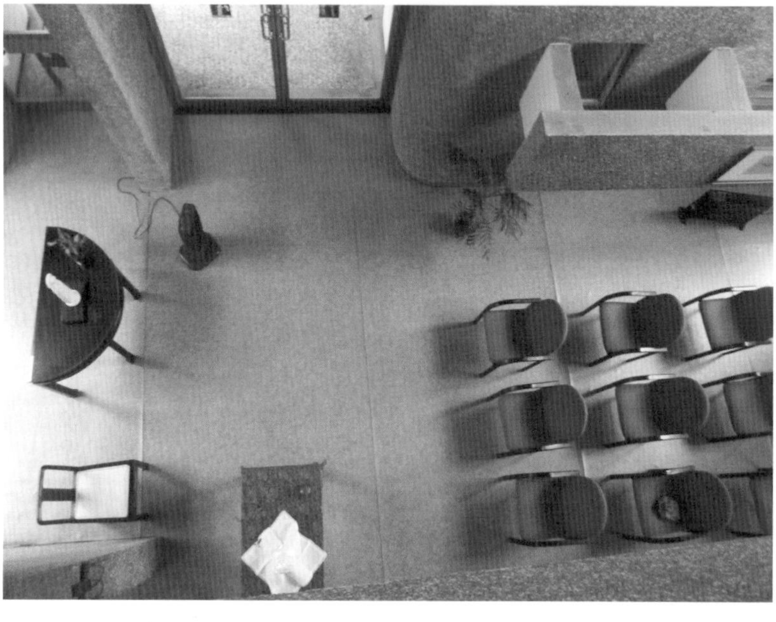

自覺想起了創世紀的開頭。好玩的是，正是「在起初」那三個字，將我從絕望中一把撈出。

「既然如此，我就回歸原點，從頭開始吧！」

於是，我放下自己曖昧的「以為」，拋下自己模糊的「印象」，死心塌地的過門而不入，繼續往前走，直到走廊另一頭的樓梯間為止。然後，轉身，一邊摸著門，一邊順著牆壁緩緩往回走。

「201……202……203……應該是這一間了吧！」

摸黑，找門……摸黑，找門把……摸黑，找鑰匙孔……摸黑，怎麼樣也試不出鑰匙孔的方向……摸黑，喀擦……門開了！

我欣喜若狂地進了門，繼續……

摸黑，放下鑰匙（發出巨響！）……摸黑，找毛巾架……摸黑，找衣櫃……摸黑，撞到頭……摸黑，怎麼樣也找不到衣櫃上的門把……摸黑，悉悉嗦嗦悉悉嗦嗦悉悉嗦嗦……摸黑，終究吵醒可憐的室友……喬茵阿姨睡眼惺忪地打開檯燈……

「啪！」

光明乍現，難航結束，獲救……。

在叫人感動的燈光下換好衣服，吹乾頭髮，輕鬆愉快地打理好一切後，我穿上大衣，準備再度出門走走。世界看來尚在沉睡，萬物聽來寧靜如昔；然而，當我打開房門時，卻發現走廊上不知何時已經亮晃晃地點起了燈，相較於不久前的

「落難」，看來恍如隔世。

「啊！走廊的確正如我想像的那樣『短』，並沒有於一夜之間變長嘛！」

我站在門口，看著在燈光中重新顯得和氣可親的長廊與房門，忍不住自嘲。哎，我究竟該懊悔自己「太早起床」，毫無必要地白白受驚？抑或該慶幸「還好早起」，要不然，哪裡有時間「慢慢摸黑」呢？

清晨六點鐘，我跨出修院大門。天色微暗，卻已漸漸轉明。回頭望見身後成排的寢室，已有幾扇窗亮起了燈，許多人正逐漸醒來，準備迎接一天的開始。那景象讓我不禁微笑。

於是，我將點點燈火留在背後，獨自走入晨光……。

05 呼吸、呼吸、呼吸

上主天主用地上的灰土形成了人，
在他鼻孔內吹了一口生氣，
人就成了一個有靈的生物。

《創世紀》二章7節

清晨的樹林，與眾不同。

走在樹林內，再也不需要躡手躡腳。不僅因為腳下的落葉與青草成了軟墊，溫柔吸收了來自上方的衝擊與震動；更因為林中的腳步聲與背景音相融，感覺像是走在同一首曲子裡，與大自然合奏著協調的音符。

在這裡，無需擔憂「發出聲音」；因為，我就在聲音內。

選了一株看來樸實親切的老樹，靜立於前，開始第二回合的「呼吸操練」。這一次，可就選對了地方。

就讀於輔仁大學時，參加了醒新社的勵德少年監獄服務隊。曾經有一次，社團帶領全體隊

員做過類似的練習。為了甚麼目的？又是在什麼情境下接受那樣的訓練？種種細節不復記憶，唯一印象深刻的，卻是練習的「當下」。那時候，我們躺在淨心堂冰涼的地板上，跟隨指示放鬆身體，「專心感覺」自己的每一個小小肢體。

「現在，將所有的注意力集中在你的頭頂……你的脖子……肩膀……右腕……腕關節……右手……右手的手掌心……大姆指……大姆指的尖端……大姆指的指甲……好，拉回來……換到食指……食指的尖端……食指的指甲……。」

其他人的感受為何？那已無從得知。不過，我自己倒是相當樂在其中。將全身的注意力匯集於一個「點」上，是一種相當奇妙的體驗。就好像由上俯視自己的身體，看著注意力宛如一隻不

能再小的小老鼠，在變得透明的體內鑽來竄去。小老鼠每到一個地方，那地方的「敏銳度」就頓時增加千百倍；相較之下，其他部位簡直形同消失，實在有趣。

多年後，我站在聖心女中的林子裡，再次感受那種微電流似的集中。呼吸、呼吸、呼吸……呼吸、呼吸、呼吸……這個簡單、自然、單純到讓人不知不覺的反覆動作，竟然開始因著有意識的覺察而漸漸甦醒、擴大，成為此時此刻我唯一關注的目標。

我緩緩吸入一口氣，感覺那股既冰涼又甜美的清晨空氣歡欣喜悅地進入：經過我的鼻，充滿我的口，流過我的喉嚨，滑下我的支氣管，鼓脹了我的肺葉，輕輕托起我的肋骨，再開玩笑似地

05 呼吸、呼吸、呼吸

推擠了我的腹腔……然後呢，它快樂地分享了我的體溫，暖洋洋地順著來時路往上爬，再爭先恐後地出去，回到自己本該存在的地方。

風，就那樣「經過」了我。

我，成了風的管道，卻又不只是一個空空的管道。

因為，即使那個「經過」費時不到數秒鐘，我卻清楚意識到風的「存在」、風的「足跡」、風的「充滿」……。祂，來到我內；而我，也正在祂內。

那樣的交流讓我快樂。

因為，我呼吸，也置身於天父的呼吸中。

舉頭，望見頂上的樹梢，正隨風溫柔擺動。枝枒上的每一片樹葉，都順著風向歡喜搖曳；有些甚至乘風悄然降落，以優雅的舞姿劃出一道道美麗的拋物線，然後翩翩落下，無聲無息。

是的，它們都「順著」風。

倘若……萬物都能「順著」天父的呼吸而搖擺……那麼，即使它們「動」，似乎也能因著「順服」而將之內化為「靜」，內化為「穩定」，內化為「心安」，內化為「真正的平安」。

那種出於愛與信賴的順服，是否就是「靜默」真正的內涵？

是否，就是我在「避靜」中所追求的境界？

06 樹

上主天主使地面生出各種好看好吃的果樹，
生命樹和知善惡樹在樂園中央。

上主天主給人下令說：
「樂園中各樹上的果子，你都可吃，
只有知善惡樹上的果子你不可吃，
因為那一天你吃了，必定要死。」

《創世紀》二章 9，16 ～ 17 節

林中有樹。

大樹，小樹，老樹，還有寶寶樹……。

聖母像前的小樹林裡有一片空地，地上毫不造作地長滿青草，周圍則環繞著枝幹顏色深邃的老樹群。在雨露的沖刷下，草木顯得綠意盎然，豐潤而美麗。我離開硬梆梆的水泥小徑，開始漫步於林中。來到空地的正中央時，遇見了一株不太起眼的小樹。

那是一株多麼矮小的樹寶寶！

就算它努力挺直背脊，也完全搆不著我的腰。然而，即便那樹瘦弱又微小，幾乎被淹沒在周圍的大樹群中，它仍然堅持站得筆直，快活而喜悅，好像在說：

「嘿！難道妳竟看不出，我是愉快的嗎？」

快樂是具有感染力的。

於是，我欣喜地伸手，輕輕撫摸了那株快活的小樹。它頭頂的嫩葉比蠶絲還要柔軟，比春風更為清新；而那難以言喻的青翠，比梵谷的調色盤更教人賞心悅目。

小樹寶寶看似軟弱，卻在喜悅中挺拔，心甘情願地隨風搖曳。因為它深愛著風，明白風也愛它。它信賴那股將自己由母胎中喚醒、催迫自己穿透堅硬的地表、教導自己渴望向上伸展的風。因著信賴，它願意跟隨，讓自己順服於風的帶領。

小樹柔順而堅強；看似隨風擺盪，卻自由自在。

順服於天主，是真正的自由。

或許，是那株直立於樹林正中央的小樹；也或許，是那天清晨寧靜的散步。讓我不覺想起位於另一個園子中央的那棵樹，以及趁晚涼在園中散步的那一位……。

亞當和他的妻子聽見了上主天主趁晚涼在樂園中散步的聲音，就躲藏在樂園的樹林中，怕見上主天主的面。

上主天主呼喚亞當對他說：「你在那裡？」

他答說：「我在樂園中聽到了你的聲音，就害怕起來，因為我赤身露體，遂躲藏了。」

天主說：「誰告訴了你，赤身露體？莫非你

吃了我禁止你吃的果子？」（《創世紀》三章8～11節）

二月二日，教會慶祝奉獻耶穌於聖殿。清晨的彌撒過後，林神父將我叫住。

「書寧，有件事要拜託妳，非常不好意思……」

神父面露難色地對我說：

「這次避靜，報名的人數太多，靈修中心能提供的房間卻不夠……我恐怕得縮減一點名額。我知道妳很早就報名了。可是，妳是單獨報名，這次的房間卻是雙人房……所以，萬一最後還是無法調度房間，是不是可以請妳把機會讓出來呢？」

06 樹

我得承認，那突如其來的消息是個打擊。

我不知道該說什麼。其實，好像也沒有甚麼該說或不該說。因為，站在我面前的，是一位辛苦安排籌畫後卻得面對更大挑戰、必須默默吞嚥更多不為人知委屈的司鐸。他既願意選擇我作為成全避靜活動的小小配合者，我又有甚麼理由拒絕？

於是，我點頭，輕聲說好。

順服，真不容易。

若說我心中沒有一點兒委屈、沒有一點兒痛苦、沒有一點兒埋怨，便是說謊。天主知道，我是多麼的期待這次的避靜；祂也明白，我從好幾個月前報名後，就歡歡喜喜地在心中數著日子期盼。因此，倘若要講「理」，倘若要就「報名順序」而論，我想，自己是有一籮筐「不平」可抱的。問題是，信仰並不要我「講理」；至少，不講我「自以為是」的理。

回家的路上，我不停地思考，不停地消化自己的情緒。

其實，天主若真不願意我參加這次避靜，祂大可用更多直截了當的方法：一場病、一個小意外、天候問題、交通阻擋、無可避免的天時地利人和……祂甚至可以安排取消整個避靜，讓我根本找不出理由抱怨。

然而，仁慈的天父卻沒有採取如此激烈的手段。

祂深深疼愛著似懂非懂的小女兒，願意藉著林神父和氣的問話，溫和地帶領我接受，帶領我

06 樹

順服，帶領我在真正的自由意志中，甘心願意地說好。

因此，我的「放下」，其實只是不貪求原不屬於我的東西；那樣的讓步，卻能造就其他人靈的得益。我是誰？怎能不因弟兄姊妹的受益而歡喜呢？

天主藉著狂風暴雨發言，也藉著幾乎無法辨識的微風講話。

回到家的時候，我已經重新找回平安，並開始高興自己能在舉世紀念「奉獻耶穌於聖殿」的日子裡，有「東西」可以奉獻。

當天晚上，我與爸媽到聖堂參加讀經班。神父一見到我便走過來：

「我打電話請他們整理房間了。現在，房間的安排已經沒問題了。」

我愣了一下，完全不敢相信自己所聽到的：

「……所以……我……可以去避靜了嗎？」

神父微笑點頭，看起來比我還要開心。

失而復得，喜悅加倍。

其實，我並沒有真正「失掉」甚麼，天主卻豐厚地賞賜了喜悅。祂輕輕抽走了我原先的「理所當然」，換上失而復得的驚喜。

而那喜樂，竟是原先的兩倍、三倍、無數倍……。

07 曠野

耶穌充滿聖神，由約但河回來，
就被聖神引到荒野裡去了，
四十天的工夫受魔鬼試探……。
魔鬼用盡了各種試探後，
就離開了他，再等時機。

《路加福音》四章 1 ～ 2，13 節

在華航服務[1]的時候，我經常有機會在歐洲航線的轉機地阿布達比（Abu Dhabi）停留。

對於初訪沙漠之城的異國旅客而言，搭乘吉普車出遊、滑沙、騎駱駝、以及試穿傳統阿拉伯服飾、坐在鋪了羊毛氈的帳篷內享用炭烤晚宴……等行程極具魅力，幾乎人人必試。我也不例外，第一次飛抵阿布達比就興匆匆地和同事相約，報名參加了當地舉辦的吉普車半日遊。

所有經驗既然都是「第一次」，自然事事新鮮、樣樣有趣。事隔多年，重新回想當時的感受，我卻發現記憶猶深的既不是沙漠中走一步退兩步的舉步維艱，更非跨坐於軟綿綿駝峰間的奇妙感觸。那些因生活環境迥異而產生的新鮮感來得快也去得快，經歷的次數一多，便也見怪不怪

1. 書寧曾擔任華航空服員。

07 曠野

了。相對之下，時間宛如淘金者手中的細網，經過多次沖刷、洗滌和過濾，一見光彩炫麗的喧嚷因子不復存在，真正留下的才是沉重穩固、歷久彌新的真金。

沙漠中最讓我震撼的體驗，是「黑暗」……。

那一天，我們在豔陽高照的沙丘上玩得筋疲力竭，幾乎忘卻時間。後來，太陽西下，天色也猛地暗了下來。吉普車嚮導催促眾人上車，直奔備有晚宴的帳幕。抵達時，夜色已經籠罩整片大地。我最後一個下車，順手帶上車門：「砰！」

隨著車門關閉，車廂內的小黃燈也跟著熄滅。那盞小燈雖然微弱，卻是沙漠中唯一的光源。因此，燈光一熄，緊接而來的就是毫無預警的黑暗～完。完。全。全。的黑暗。落差之巨大，頓時令我手足無措。

對於出生、長大、並生活於現代社會中的我而言，「光」是理所當然的存在。就算小時候偶爾經歷斷水斷電的颱風夜，也總能在搖曳的燭光烘托下，感受帶著不尋常氣味的慶典式喧囂。因此，並不算真正「離了光」。

那天晚上，我站在毫無光害的阿布達比曠野中，赫然驚覺一切光源的消逝。心中的震撼與驚惶，實在難以言喻。

簡直就像……「閉上了眼睛」。

那感覺實在弔詭：因為自己的眼睛明明是睜

開的，卻甚麼也看不到。我差點沒被那突如其來的無力感擊垮，宛若陷入永遠無法醒來的噩夢。我奮力掙扎，一心想睜開「已經睜著的眼」，卻無能為力。

不過，那陣因視差產生的黑暗並沒有持續多久。很快地，瞳孔完成歸零動作，開始重新擷取附近光源。於是，一顆接著一顆，彷彿有隻看不見的手操控似地，星星漸漸浮現，而且還越來越明亮；不久之後，前一刻還因黑暗而驚恐的雙眼裡，已然滿布我這輩子所見過最燦爛的星空。

*****

領洗至今已過五年。

在每一個階段的信仰生命中，天主總願意我

面對不一樣的喜樂與挑戰。最近，我特別意識到的困難是「專注」。

或許出於與生俱來的旺盛好奇心，我自幼就是個不容易專注的孩子。國小的級任老師經常向母親抱怨我的分心，還曾經無可奈何地給我冠上「愛麗斯夢遊仙境」的外號。至於我本人，卻頗為樂在其中，還很「自我感覺良好」地以為自己其實很專心，只不過「專注的對象」剛好不符合老師心意而已……。

客觀而言，天馬行空的想像力與脫韁野馬似的思考模式，對於我的創作工作頗有助益。我從來不認為，一個畫框或一張畫紙能夠限制住無垠的廣大畫面；因為，畫框的外面有世界，畫紙的底層同樣有世界。倘若我僅在有限的平面上作

07 曠野

畫，卻不能同時用想像力將那些看不見卻存在的因素囊括入內，畫出來的東西就是死的，就不會有延伸性，也不容易與讀者產生互動。

然而，凡事有利必有弊。活潑的想像力或許有益於創作，卻不見得適合於每一件事。當我真正需要專注，真正需要安穩時，一顆活蹦亂跳、管不住的心便會成為阻礙。

祈禱的時候，我習慣閉上雙眼。

這樣的「習慣」不只於我，每個人應該都試過。閉眼這個動作，能夠幫助心神內斂；就好像拉上布幔，使自己與外界事物隔絕一般。剛閉眼的瞬間，也的確如此。可是，我卻也挫折地發現，過不了多久時間，「分心」就接二連三地冒出，宛如雨後春筍。

「等一下午餐吃甚麼？」

「外面有沒有下雨？」

「還有一個重要的電話沒打。」

「剛剛那幅畫應該改一下構圖！」

「下一篇文章寫什麼好？」

「等一下要記得查一下時刻表。」

「啊！忘了回某人的郵件！」

「天氣好像變冷了，今天這件衣服實在穿錯了……。」

客觀看來，它們都只是微不足道的小事，不足掛齒；不過說也奇怪，我越是願意閉眼祈禱，這些零碎的瑣事就喧嚷得越厲害，甚至到了喧賓奪主的地步。因此，我雖然緊閉雙目，卻感覺眼花撩亂；縱使緊鎖雙唇，心底卻叫囂個不停。

每次遇上如此的挫折，我總會想起在阿布達比的經驗。

剛閉上眼睛的時候，世界上的一切似乎都被我隔絕在外，就好像我在沙漠上順手關上車門，熄了車燈，突然陷入純然的黑暗中一樣。然而，那樣的專注難以持久；隨著雙眼逐漸適應黑暗，原本存在的雜念就像阿布達比夜空中的星星，一顆接著一顆浮現，越來越清晰，越來越不容忽視……。那片華麗的星光爭奇鬥艷，拉扯著我原該專注的心，誘惑著要我去注視；可是，它們雖然看來明亮，卻不是真正的「光」；雖然耀眼炫目，卻不是我應該在祈禱中凝視的對象。

那些揮之不去的誘惑無形無體，我既不能將它們「關閉」，也無法再闔一次「已闔上的眼」，究竟該怎麼做才好？

＊＊＊＊

避靜，就像走入曠野。

藉著獨修與靜默，我的確可以讓自己與外界的吵嚷隔絕，就好像閉上眼睛，或置身於一無所有的曠野中。然而，外在環境的助益畢竟有限；我或許獨處，或許安靜無聲，卻不表示我已經身在「祈禱」中。到頭來，真正必須面對的，終究還是自己內心深處的雜亂。

福音中，耶穌於約但河受洗後走入曠野，接受魔鬼的試探。有趣的是，聖史路加對於「曠野」的描述相當特殊，簡直就像貼著舊約・創世紀中那座「樂園」而寫的：有人，有野獸、有魔鬼、有天使……。不同的是，第一位亞當禁不起誘惑，因此被迫離開樂園進入曠野；而第二位亞當[2]卻戰勝了誘惑，讓曠野因此成為樂園。

這樣看來，外在環境只是次要因素，真正重要的還是「認識自己」。

問題是，當我清楚意識到那些阻擋自己進入祈禱的誘惑時，該如何處理？

「祈禱時分心怎麼辦？很簡單，就『收心』

2. 指的是耶穌。參照《格林多前書》十五章。

吧！門打開了，就把它們關上。」

林神父說：

「先關掉一扇，再去關第二扇⋯⋯一扇扇地關。除此之外，別無他法。」

曠野，空無一物；既沒有退路，也沒有藏身之處。

因此，那些「乍看之下好像更好、更重要、更容易」的雜音也來得直截了當，叫我無法視而不見。在那樣的情況下，硬著頸項假裝它們不存在只是逞強，毫無用處。

我想，自己唯一能做的只有直視誘惑，藉此看清自己的軟弱，承認自己實在無能為力。唯有

如此，才能真正仰賴天主的救援，借祂的手，將被打開的門一扇扇地重新關上。

除此之外，別無他法。

08 謙遜

吾主上主賜給了我一個受教的口舌，
叫我會用言語援助疲倦的人。
他每天清晨喚醒我，喚醒我的耳朵，
叫我如同學子一樣靜聽。

上主啊！你是我們的父親；
我們只是泥土，你是我們的陶工，
我們都是你手中的作品。

《依撒意亞先知書》
五十章4節，六十四章7節

接近中午的時候，我在樹林中做完呼吸操練，神清氣爽。

這個單純卻深入的操練，幫助我集中心神，專心意識「氣」的存在。我想，那應該也算是一種「聆聽」，聆聽無聲中的有聲。

草地上有一塊微溼的石頭，平坦的表面上覆蓋著幾片新鮮的落葉。我將葉子稍微挪開，坐下，打開筆記本開始寫字。

風，呼呼地吹。

穿過樹梢，撫過樹幹，滑過樹根，拂過草地上的每一株小花……，同時，也經過了我的身體。

這次避靜，讓我對「氣」有了嶄新的認識。

我之所以生活，之所以思考，之所以存在，之所以能夠於此時此刻坐在這塊樹林中的石頭上提筆寫字……，一切的一切，都靠「經過」我的這口氣。離了這口天主吹進人鼻中的氣，我不會有，不會存在。

日文中的「元氣」一詞，指的是康健良好的身心狀態。那詞彙形容的極為貼切，因為「氣」原是人之元，人之本，人之源。

然而，「氣」喧囂了嗎？祂曾經強調自己的重要嗎？祂嘗試過顯露自己的不可或缺、或哭喊過自己的被埋沒？或者，祂又是否哀嘆過自己的不受重用、悲憐過自己的不被理解？

08 謙遜

有些事情，我做得比別人好。不過，即使是那些較他人駕輕就熟的領域，也不出於我自身的努力，而是來自上天白白的賞賜。慚愧的是，我卻經常陶醉於自己的「重要」或「比別人好」。有些時候，即使我為了顧及團體的利益，努力壓低姿勢，克制著不出鋒頭，卻也暗暗「自我感覺良好」，醉醺醺地以為自己「遷就」了、「禮讓」了、「謙遜」了、「付出」了、「受委屈」了、甚至「聖善」了……那些不純正的動機，讓我的虛榮心顯得多麼可悲。

我，其實什麼都不是，什麼都沒有。

反觀那口不可或缺、一直是我生命支柱的「氣」。若非到今天，我藉著呼吸操練，忽然開始意識到支撐自己的存在……那口「氣」對我而

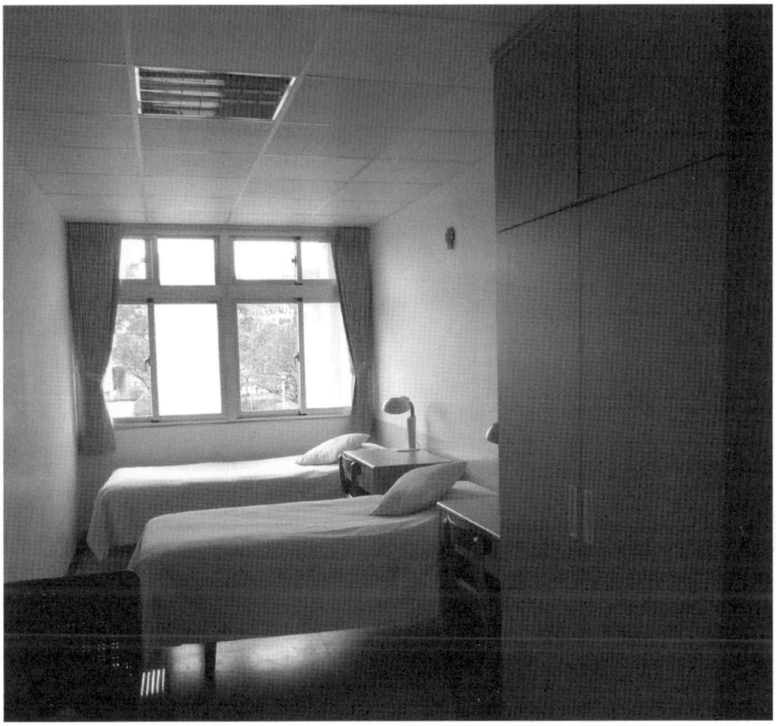

言根本就無關痛癢。從起初，天主就在愛中創造了人，在人鼻孔內吹了一口生氣，使人成了一個有靈的生物。我之所以是我，之所以生活，完全是因了那口氣；然而，來自造物主的那口氣卻自我貶抑，不呼喊，也不喧嚷，謙遜到甚至讓我感覺不到祂的存在。

黏土洋洋自得、嘮嘮叨叨，完全忘記了若非經由沉默陶工的手，自己根本無法成形。

認識天主，還得從認識自己開始。

唯有真正意識到自己的無，才能看見天主的有。

我坐在石頭上，滿面羞慚地審視自己的驕傲。那口「氣」不停地經過我，仁慈且耐煩，似

乎正殷切期盼著我前去和好，前去認罪。於是，我毅然起身，在通往宿舍的長廊上找到林神父，與他約定了領受和好聖事的時間。

午後的談話室靜謐無聲。

透過窗戶，可以窺見戶外又開始下起濛濛細雨，宛如一縷半透明的細紗，將世界層層包裹……。

「就這樣嗎？就這一項而已？」

聽完我吞吞吐吐的告解，神父神情快活地問。

我驚訝地抬起眼來，略顯遲疑地點頭，心底卻因那出乎意料的問話而滿布疑雲。

「書寧啊，我覺得妳反省得太細了。」

一向直言直語的神父瞇起眼睛，和氣地笑了：

「倘若妳能夠為了團體的和諧，做出一點小小的犧牲；那麼，就算為那犧牲而快樂，也沒有什麼不好呀？還記得小德蘭的故事嗎？她有一次受了冤屈，雖然隱忍著不開口申辯，卻明白自己即將要沉不住氣。於是，她明智地抽身離開，退出疆場，安靜地坐在樓梯一角，玩味著『雖敗猶榮』的戰果。瞧，小德蘭不也因自己的小小犧牲而喜樂？」

我低下頭，靜靜回想在小德蘭回憶錄中讀過的敘述。那個故事原是自己所熟知的，只不過，我從未將之與自身的生命經驗重疊過。

「細膩，是妳的人格特質，沒有什麼不好。妳能夠做出這樣的反省，也很不簡單……，」

神父又接著說：

「可是，有時候『粗線條』一點兒也不錯呢！真正的信仰，應該是輕鬆愉快的，不是嗎？」

和好聖事結束後，神父起身離開，將我留在安靜的談話室中。

我坐在堅固的藤椅中，緊靠著右手邊雪白的隔音牆，一言不發地望著腳下以幾何形狀排列的橘紅色地磚。

地板上，光影若隱若現。

這是怎麼樣的一天！

透過呼吸操練，天主讓我意識到真正的謙遜；然後藉著司鐸的口，祂又帶領我更進一步窺見了信仰的自在與輕盈。

靈性生命的成長中，有嗷嗷待哺的乳兒時期、有手腳並用的爬行階段、也有健步如飛的奔跑跳躍⋯⋯。雖然，現今有太多事我還不明白，我卻知道自己正走在認識真理的道路上。那樣的認知，帶給我無限的豐盈與喜樂。

天主的存在，好深，好廣。

雨，不知在什麼時候停了。

09 謙遜

譬如雨和雪從天降下，不再返回原處，
只有灌溉田地，使之生長萌芽，
償還播種者種子，供給吃飯者食糧；
同樣，從我口中發出的言語，
不能空空地回到我這裡來；
反之，它必實行我的旨意，
完成我派遣它的使命。

《依撒意亞先知書》五十五章 10 ～ 11 節

第二天下午，我發覺自己的腳步輕快了起來。

真奇妙！

因為，我走路的步調明明與昨天相同，發出的聲響也沒有改變；卻似乎逐漸脫離起初的小心翼翼、躡手躡腳。取而代之的，是平穩中的輕巧、快活、愉悅與心安。那樣的感覺就好像剛學會走路的小鹿，在母鹿身旁歡喜跳躍；雖然不出聲鳴叫，卻喜形於色。

三天的避靜，我正走在第二天的後半段，即將進入尾端。直到目前為止，我縱使集中精神想進入狀況，或費盡千辛萬苦試圖不發出聲音，卻總是徒勞無功。在那樣緊繃的狀態下，就算不出聲也覺得牽一髮動全身，舉手投足皆吵鬧。現在，卻完全不同了。

此時此刻，我感覺既舒服又自在，不再刻意壓低聲音，也不再提心吊膽地害怕腳步聲過響。有趣的是，當我的心情因適應而輕鬆，舉動因習慣而自然後，反而進入了真正的靜謐。

我想，自己是從「有意識的靜肅」，開始走向「無意識的靜默」。

雨下個不停，空氣冷得像冰。

為了取暖，我給自己泡了一杯熱咖啡，端到宿舍三樓的長廊上，倚著欄杆看風景，心中反覆咀嚼剛才聽到的話。

「在起初，天主說：『有光！』就有了光。因此，我猜想，天主在創造天地萬物之前是安靜的。從那完全而絕對的靜默中，天主一發言就有了創造力！」

在談論「靜默」的課堂上，林神父說：

「靜默，是言語的出發點和終點，是言語的家。它使文字產生力量，使語言結實累累。」

那樣的描述讓我陡然一驚，因為像極了自己曾經聽過的話。

前不久剛過世的日本思想家吉本隆明先生[1]，曾在一場名為「藝術言語論」的演講中這樣說：「言葉の根と幹は沈黙である。」（言語的根幹是沉默）

在日文中，言語被寫成「言葉」。「言葉」二字的起源為「言端」。在古文中，「言」字指的是事實本身，涵意重大。然而，人類的語言實在有限，無法將真正的事實描述殆盡；因此，前

1. 編按，逝世於二〇一二年三月，日本二戰後的重要思想家，小說家吉本芭娜娜為其次女。

人在「言」字後頭加了個「端」字，表示人所講出來的話「僅為事實的某一端」，並不完全涵蓋事實。後來，因為「端」字與「葉」字諧音，又因為繁茂豐富的「葉子」更能貼切形容言語的多樣性，「言葉」一詞才漸漸取代原本的「言端」，一直存留到現代。

吉本先生採用「言葉」形象，將之比喻為一株枝葉繁茂的大樹。然而，身為文學思想家與詩人、畢生鑽研語言藝術的他，竟在自己的晚年如此感嘆：

「言語的根幹是沉默！」

吉本先生的描述很美，林神父在信仰中的省思更是貼切。

靜默既然是家，是一切言語的出發點與終點；那麼，「避靜」就是一條回家的路。而「避靜」所追求的靜默本身，其實是更廣義的「語言」。

語言原是創造力，是天主愛的表達，更是最原始、最美麗、也最聖善的工具。可是，究竟從什麼時候開始，人讓這可貴又有力的珍寶淪為吵鬧，甚至連最基本的「傳達真意」都做不到了？

雲在飄，樹在搖，雨在下，鳥在飛……。

大地在旋轉，草木在生長，時間在流動，世界在過去……。

一切的一切都在動，所有的受造物都在「動」中靜默，在靜默中發言。

我握著早已變涼的咖啡，癡癡望著眼前變化萬千的風景。忽然間，雨停了，風也止了，世界彷彿被「暫時消音」。我感覺，自己似乎目睹了大自然從「動的靜默」過渡到「靜的靜默」的瞬間。不過，無論動或靜、無聲或有聲，那些樹木雲彩以及所有可敬的小生命們，總在真實的靜默中保持著某種奇妙的快活。而那愉快似乎具有感染力，正在一點一滴地滲入我的身體中。

內化後的靜默，讓我不由自主地喜樂。

於是，嚥下最後一口冰冷的咖啡；我重新束緊圍巾，準備趁著還有些許天光，再度出門走走……。

10 日暮

祂願意如何安排我就如何安排吧！
祂引導一些靈魂所循的路徑
是如此的不同……。

當我們但遵耶穌旨意而行時，
一切自然都對。

聖女小德蘭回憶錄

下午五點半，路燈亮起，天色忽然暗了下來。

我快步走在溼答答的草地上，倉皇而急促；每踏出一步，就在腳下引起一陣夾帶了旋風的小噴泉，霹哩啪啦，霹哩啪啦……。

之所以如此急切趕路，倒不是害怕天黑，卻是因為想起這地方的「規矩」來。

初抵靈修中心的傍晚，我們在大廳有了一場簡單的自我介紹。當時，一位曾經任職於聖心女中的姊妹站起身來，以緩慢而鎮定的口吻給出了相當駭人的「建議」。

「天黑之後，如果大家有事出門，請盡量走在水泥路面上，千萬別走草皮或進入樹林內。因為……」

10 日暮

只見她賣關子似地歇了一口氣，繼續用充滿戲劇性的神妙表情說：

「草地上會出現一些『在台北看不到的生物』，大家應該不會太樂意遇見。」

事實證明，那句平靜的描述，比任何充滿威脅恐嚇的告示牌還具嚇阻力。經過她的柔聲勸慰後，所有人頓時打消了冒險精神，不再幻想要在夜深人靜的樹林中，與月光蟲鳥開懷暢敘了……。

*****

第二天午後，我趁著天色尚亮、雨勢暫歇，打著傘在聖心女中美麗的校園內散步。

校園的實際面積並不大，對於我那不辨方位的迷路本能而言，卻已然綽綽有餘……。再加上，看似相同又各有特色的小樹林不計其數，叫我宛如誤闖桃花源的武陵人，走呀走地，就渾然不知身在何處了。

走到一半，忽然很想畫畫。

打開手記的空白頁，用肩膀夾住撐開的雨傘，就那樣站在樹下畫了起來。

鋪展於眼前的風景簡單明快：樹、草、石頭，以及更多的樹、草、與石頭……。自由伸展的樹幹在雨水滋潤下顯得黝黑深邃，飽含水氣的油亮綠草上點綴著白金似的落葉，無人雕琢卻鬼斧神工的石塊表面則布滿了連秀拉也要驚嘆的小

白點……。在這座宛若天主花園的小林子裡，美麗極為單純；構造景緻所需要的色彩也不多，卻都剛好足夠。

速寫快完成時，一陣微風惡作劇似地捲過，將傘外的雨點毫不客氣地掃入，滴滴答答地潑在紙上。

「啊……！」

剛開始，我看著水溶性原子筆跡在雨點中融化，逐漸暈散開來；雖然試圖搶救卻又束手無策，心中很是懊惱。

但是，當我仔細審視那幅被打溼了的作品，卻又發現畫中風景竟因了那口「氣」帶入的雨滴而變得栩栩如生，簡直「活了起來」。現在，攤

10 日暮

這幅sketch的繪者不只是我，
而是我與雨川不經意的合作，
互相畫出對方畫不出的效果。

展在白紙上的樹林景色，已不再是我用乾澀線條畫出來的素描，卻宛如一幅飽滿豐潤的水墨畫，平白添加了不知多少硬筆難以呈現的柔和魅力。

風雨造成的「意外」讓我又驚又喜。於是，我在畫下這樣寫著：

「這幅素描的作者不只是我，而是我與雨水不經意的合作，互相畫出對方畫不出的效果。」

原來，抵抗與接受，相隔只在一瞬間。

這次避靜，感覺好像「風」。

剛開始，我逆著風行走，卻走一步退兩步。我皺眉瞇眼，頑強抵抗，硬是不肯讓沙子吹進眼睛、不願叫頭髮在狂風中打結、極力想保持呼吸順暢……。

然而，那還真困難。

走到一半時，我赫然發現，其實應該換個方向走。

只要能夠順著風吹的方向前進，一切頓時顯得自然又容易。順著風走，讓我感覺心曠神怡，既不必擔心刺眼的風沙，也不用害怕頭髮糾結；此外，在風中的呼吸一點兒也不困難，順暢且舒適。

那樣的「轉身」，實在快活。

生命，會不會就是那樣一個「轉身」呢？

當我能夠真正轉身，背對世界，面朝天主時，生命的道路將變得更甘飴！

* * * * *

天色已暗。

此刻，是白天與黑夜的交界；也是人類退讓，爬蟲甦醒的時刻。我應該退步，將土地的使用權交給夜晚的族群~那些「在台北看不到」的小生命們。這樣的基本規律不允許孩子氣的打破，更是這地方應被遵守的禮貌與尊重。因此，我願意歸還，就如同爬蟲們願意於白天蟄伏一樣。這塊土地原不專屬於誰。所有受造物輪流借用，理當有個共有與共享的規矩，不容打破。

於是，我匆匆行走，終於幸運覓到來時路，順利離開「牠們的」樹林與草地，重新踩踏在堅硬的水泥地面上。

不遠處，餐廳燈火通明，是用餐的時候了……。

11 餐桌

孩子們，我們愛，
不可只用言語，也不可只用口舌，
而要用行動和事實。

《若望壹書》三章 18 節

傍晚，餐廳傳出溫熱的誘人香氣，飄散在夾帶著冰冷雨絲的空氣中，感覺比平時更為引人入勝。經過漫長而寒冷的散步，飢腸轆轆的我早已前胸貼後背。因此，還未等到工作人員擺完餐，我已經安然入室，趴在空盪盪的桌邊畫餅充飢。

過沒多久，一個人影旋風似地捲了進來。

那是林神父，棕色會衣的衣擺啪搭作響。他低頭看見了我，啞然失笑，大概沒預期竟有人如此早到，嗷嗷待哺。

緊接著，其他人也陸續來到，於沉默中各就各位。

最後，「她」來了，拉開我身旁的椅子，坐下。

這回避靜，我們總共在靈修中心的餐廳用了六次餐。

初來乍到的第一頓飯是准許交談的，幾個老朋友自然而然地「匯流」成一桌，熱鬧得宛若同學會。只不過，晚餐結束後我們就得緊閉雙唇，暫時消音三天，讓口舌單純成為用來吃喝的工具。

在那之後，每到用餐時間，就會見到大家放下手邊的工作，三三兩兩地進入餐廳，各自夾菜、就坐、祈禱、用餐、收拾碗盤、離開……。在靜默中，每一個人都身在團體中，卻又保有最大的自我空間，是個相當不尋常的體驗。

隔天早上，我走入餐廳，驚訝地發現自己竟

啥也不想地走近「昨晚用餐的那一桌」，無比自然地坐在「昨晚坐過的那張椅子」上。那種宛如慣性作用的「安全感」來得神不知鬼不覺，未經思考，已催促身體做下反應，叫我大吃一驚。

其實，神父只要求我們「保持靜默」，並不硬性規定大家「照著前一天的位置坐」，更沒有製作點名簿或座位表。奇怪的是，不僅是我，就連絕大部分的其他成員也像約好了似的，一語不發地被「吸入」曾經坐過的位置；就算明知無法於餐桌上交談，卻依然緊緊抓住「相較於其他座位更有熟悉感」的椅子，簡直比信鴿的歸巢本能還要準確。

面對整桌與前夜一模一樣的面孔，再看到其他桌大同小異的排列組合，我實在不掩吃驚。一方面對那慣性（惰性？）操控的「以不變應萬變」感到好笑，一方面又隱隱感到不安。

沒錯，我們之所以離開自己熟悉的環境聚集於此，是為了在靜默中尋找天主。那樣的訴求極為「個人」，更是人神之間一對一的親密關係。儘管如此，我們卻還是身在人群中，並沒有因此與團體斬斷關係。在這三天的避靜中，我既然隸屬於這個團體，與之有著密不可分的關連；那麼，我是不是能夠藉著交談以外的行動，離開看似安全的小圈子，真正讓自己融入團體？

在聖心享用的第二頓餐，讓我坐立難安，也催迫著我思考……。

在那之後，我每次進餐廳，總選擇新的餐桌，坐在陌生的座位上。因為，即使這是個保持靜默的團體，卻沒有「不准微笑」的規定。我們只是不開口講話，並不表示彼此之間斷了交流。愛，可以有很多種表達方式，「說話」是一種，「不說話」也是一種。

然後呢……套句童話故事中常有的台詞：「奇妙的事情發生了！」自從我離開那張熟悉的餐桌後，「她」開始來坐在我的旁邊。

打從第一天開始，「她」的存在就是徹底的沉默。「她」不僅不說話，不微笑，不打招呼，也再明白不過地讓與「她」接觸的每一個對象清楚知道，自己沒有與任何人接觸或產生關係的意願。「她」低垂眼睛，緊閉雙唇，以全身的細胞與行動表明自己在此的目的只有一個，就是「避靜」；除此之外，毫無興趣。

剛開始，「她」那近乎冷漠的表現讓我退縮。只不過，當下的情緒並沒有維持多久，很快就轉為驚艷與激賞。我開始讚嘆「她」的黑白分明，明白「她」之所以會有那看似冷冰冰的表情，純粹出於一顆專注尋求天主的心；「她」是如此地渴望與神相遇，以至於無暇顧及人情世故。

因此，當「她」在第二天午餐時決意在我身旁就坐時，我驚訝得幾乎合不攏嘴。我因受寵若驚而顯得傻裡傻氣，不時抬頭對「她」露出近乎呆滯的微笑。然而，「她」臉上的線條卻沒有因此軟化，依舊堅毅剛強、不屈不撓，對於我猛力的搖尾乞憐視若無睹。那緊繃的表情甚至讓我以為，「她」只是「不小心」選錯位置，正以無限

的愛德忍受我的存在……。於是，我倆在奇妙的空氣中各自用完餐，感覺像是兩個毫無交集的圓圈：吃飯前是兩個圈，吃完飯還是兩個圈。

可是，說也奇怪，打從那一餐開始，無論早到晚到，「她」總會選擇坐入我在的那一桌。視線的交會、溫暖的微笑、善意的招呼……全都沒有。「她」一如往常，保持沉默；同時，卻以安靜的行動認同了我的存在。

「啊！原來『她』是喜歡坐在我旁邊的！她是願意和我在一起的……即使我們一句話也不講。」

那個「發現」是多麼大的安慰！

與「她」之間的沉默交流，讓我想起了蘆屋

天主堂的岩橋奶奶。

有一回，岩橋奶奶於主日彌撒時坐在我身邊。那對我倆而言都是新鮮的經驗，因此，我在互祝平安時特別握了她的手，興高采烈。

彌撒過後，岩橋奶奶在人群中找到我，不住稱謝，熱誠得叫我驚慌失措。

「岩橋奶奶，您究竟在謝什麼？我並沒有做什麼事呀？」

「妳有！……啊，不，妳沒有！……就是因為妳沒有……。」

岩橋奶奶激動得雙手打顫：

「這是我第一次……在完全的靜默中參與彌撒。從前，坐在我身旁的好友總愛找我攀談。那些對話雖然簡短，出於善意，且看來微不足道，卻往往成為深刻的打擾……。可是……妳……竟然從頭到尾保持著如此完全的靜默……我感覺，妳的安靜幫助我進入真正的祈禱。」

我簡直不知道該說什麼好了。

原來，在應該靜默的時候保持靜默，竟能產生如此大的力量。

會不會是因為，真正的靜默並非「不能說話」，也不是「不說話」，卻是「不需要說話」呢？

當「愛」的交流不再需要透過語言時，就不

會有辭不達意的苦楚，也不再有力不從心的困難了。在美麗的靜默與和諧中，心想，事就那麼成了。因為，語言就是心，心就是行為。

那將會是多麼愉快而美好的境界！

12 渴望天國

我主，為了我們的死亡姊妹，
願祢受讚頌，
它是任何活人都不能逃避的。

那些在祢聖意中死亡的人是有福的，
因為第二次死亡不會傷害他們。

聖方濟「造物讚」（太陽歌）

故事總是漸入佳境，結尾永遠越來越精彩。

願天主讓我的生命故事也是如此，願天主允許我越活越豐富。

三天的避靜，時間流逝得既緩慢又急迫。現在，已經將我們推到尾聲，距離「回家」越來越近了。這樣的體驗像旅行，又好似生活；當我逐漸進入狀況，開始適應環境時，終點卻也緊接著來到。

初次跟隨耶穌的腳步造訪聖地[1]，登上宛如天國的大博爾山時，「離開」實在是件難事。俗話說「比登天還難」，我卻覺得「離天」更難於「登天」。在天主自會照料的山上，度過一段沒有網路沒有電話沒有電視沒有書本沒有任何

1. 參見《耶路撒冷朝聖日記》，許書寧著，玉山社星月書房出版。

聲光娛樂的美好時光後，下山變得多麼困難。還記得，當我們坐在樹下等候小包車時，我雖然努力克制著不回頭，卻感覺被誰從後腦勺緊扯著頭髮，淚眼婆娑地哀戀著叫我別離開似的。

現在的心情，其實與當時有著某種程度的重疊。不捨，還是有的；然而，拉扯之外卻又多了一份「期待」。說再見的同時，我驚訝地發現自己已經躍躍欲試，已經展開雙翼，期待將這幾天飽享的養分，用在接下來的每一個日子中。

這一次的「下山」，將比大博爾山的體驗來得容易許多。

我想，大博爾山的體驗不會再有了。

隨著在主內的成長，對於世界的依戀將日漸

淡薄；取而代之的，是面朝天鄉而逐漸增長的渴望與期待。那情感同樣是一種拉扯，同樣是一種正向的吸引。因著希望，我喜歡且願意地努力活現世的生活，為賺取來世的永恆生命。

有一回，林神父與我們分享父親過世時的經驗，令我動容。

「父親死後，我知道，唯一能再與他相會的地方是天國。所以，如果我不好好的活，就再也見不到他了。」

我坐在椅上，感覺胸口好似鼓脹著什麼，幾乎無法呼吸。

好美……好美的動力……。

生離死別，的確是哀傷的。可是，因著天主的許諾，卻可以不止於哀傷。

豈不是嗎？我又何嘗不期待再見慈祥的阿公阿媽，再見外公外婆毫不保留的笑容？我豈不願意再一次將臉埋在外婆懷中摩娑，讓自己被那涼爽的翠綠色夏衫包裹，肆無忌憚地撫摸她頸上再熟悉不過的珍珠項鍊，大力聞著她身上略帶痱子粉的甜蜜香氣……？

他們的人生旅程已經結束了。

骨肉至親的離開雖然造成撕扯的傷痛，刻骨銘心的想念卻化為動力，溫暖地催迫我好好走，跌倒了就再站起來，繼續一步一步，緩緩前行。

因此，我也極願意懷抱那份渴望與動力，督

促自己努力過日子，好好盡一個基督徒的本份。

是的，我願意以此生賺得天堂裡的相聚。

這次避靜，我得了兩個禮物。

第一、是靜默。

第二、是渴望天國。

13 走入心中

天主所行的一切事宜，都很適時，
並賜給人認識時事的經歷，
但人仍不能明瞭，
天主自始至終所做的工作。

《訓道篇》三章11節

日本漫畫家松本零士的長篇著作《銀河鐵道999》，描述孤兒星野鐵郎在神秘旅伴梅德爾的陪同下搭乘銀河超級特快999號列車，穿梭於宇宙間旅行的故事。

有一回，999號駕駛車頭無故脫節，擅自離開，將承載旅客的車廂丟在漆黑的宇宙間。包括車掌在內的所有乘客都不知道列車究竟發生了甚麼事？也不明白自己得在空蕩蕩的宇宙空間停留多久？

鐵郎生性單純，並不因此陷入憂慮。他很能找到自娛娛人的辦法：將書本排在地板上當骨牌推著玩，和車掌先生跳舞取樂，於車廂走道上賽跑，或乾脆蒙頭呼呼大睡。對他而言，看不見終點的漫長等待並不造成威脅。

「已經在那空間停留五十八小時了，乘客的情況怎麼樣？」

「毫無異狀，好得很。」

「好得很？完全沒有掙扎或焦慮嗎？」

「是的。尤其是那個叫星野鐵郎的少年，非常懂得消磨時間的方法。」

其實，列車的脫節並非意外事故，卻是為了考驗星野鐵郎的人格特質而刻意安排的「消化時間的測試」。

因為，對於旅人而言，空間中最難消化的食物是「時間」。

＊＊＊＊＊

避靜期間，沒有手機、沒有電視、沒有網路、沒有書本。

整整三天，我們學習與時間相處。

時間因著「沒有」而無限擴大，有時甚至膨脹到令人難以忍受的地步。

那無言的滋味，讓我想起耶穌被釘上十字架後的三天時間。整整三年來患難相隨、休戚與共的老師如今不復得見，門徒們的感受如何？

聖經中並未明確記載，門徒們懷抱怎麼樣的心思熬過那段時日。聖史也不告訴我們，在那三日中耶穌究竟去了何處？做了甚麼事？那是人類歷史上最安靜的三天，是沉默的三天，也是靜默的三天。

其實，耶穌並沒有消失，只是「看不見」而已。

感官的失落，卻造成了偌大的惶恐與不安。

即使在耶穌復活後，那份不安與害怕依舊掌控人心。因此，門徒們固然歡喜卻不敢相信，雖在山上朝拜卻心存疑惑；缺席的多默甚至明言拒絕：「除非我親眼看見！除非我親手摸到！」

不知不覺中，人對於「感覺」，竟達到如此依賴的地步。

三天的「空」，將我拋回「在起初」的渾沌。

催迫著我不藉視覺、不憑感官地相信：天主不僅在聖堂裡，天主不僅在聖經裡，天主不僅在世界裡，天主更在每一個人的心裡。

是的，也在我的心裡。

既然如此，我為什麼往往捨近而求遠？

我為什麼總喜歡拿聲音、語言、貪念、雜務、和一切較不重要的瑣事，來遮掩自己的眼睛、堵塞自己的耳朵、擋住通往心底的那條路，不再認識自己，也不再注視自己內的天主？

世界上充滿了因人類慾望而產生的便利發明。

發明背後的善意與好處不容否認，也無須置疑。但是，與便利同時產生的綑綁與不自由，卻也是不爭的事實。手機是，電視是，網路是，就連「忙」所造成的壓力也成了無形的「癮」。最可怕的是，我被綑綁而不自知，我因忙而盲卻洋洋自得。

避靜正式結束前，又得了點「自由時間」。

最後一次走入雨中，在樹林間繞圈行走。

走了多久？或許十五分鐘？二十分鐘？甚至更久？

總之，時間的長短並非重點。就是走，就是繞圈，就是與時間相處。

曾經讀過，聖道明（St. Dominicus）以言以行顯示自己是「福音之人」。他談話時，若非與天主交談，就是向人談論天主。

也曾讀到，聖潔瑪（St. Gemma Galgani）的生活可以概分為二。每天早上，她為剛領到的聖體祈禱，以示感恩；到了下午，則為隔天將領受的聖體祈禱，以做準備。

基督徒的生活原本簡單、明快、且單純。

先將原本屬於天主的時間還給天主，然後用剩餘的時間光榮天主。

聖人們的生命故事是活生生的教導，告訴我「原來可以這樣使用時間」。方法簡單，無須秘訣，人人可行。問題的關鍵不在於「能」或「不能」，而是「願」或「不願」。

我願意嗎？

我願意如此使用祂的賞賜嗎？

我願意歸還原本就不屬於我的時間嗎？

「凱撒的，就應歸還凱撒；天主的，就應歸還天主。」（《瑪竇福音》廿二章21節）

雨下個不停。

雨勢時大時小、時強時弱。有時安靜無聲，有時滴滴答答，有時則狂風大作，擾得落葉雪花似地飄。

走啊走的，不覺歡喜起來，因為意識到自己離祂竟是那樣的近，遂低聲呼喊：「阿爸，父啊！」

天主，在晴天裡，也在雨裡。

天主，在靜默中，也在聲音裡。

天主一直都在。

忽然間，一株老樹發出巨大的呻吟聲，好似枝幹即將斷裂。

我嚇了一跳，仰頭細看，卻不見任何異樣。

再低頭，這才意識到褲管早已溼透，緊扯著雙腿，沉甸甸地宛如兩隻秤錘。自己竟走得如此不知不覺，不禁啞然失笑。

是該止步的時候了。

三天的避靜，對我而言是「走入心中」的旅程。

旅途中，神父刻意拿掉了感官上的依賴，要求我們「連聖經也不要看」。於是，我再也無法以讀經為不祈禱的「神聖」藉口。再回到原本的生活韻律後，也不能拿祈禱充當不讀經的理由。

「不便」，是禮物，幫助我回歸原點，心懷感謝。

「不能」，是提醒，不讓我活得渾渾噩噩，
教導我重新審視時間。
多麼特別的體驗！
三天，原來是這麼多的時間，原來可以活得
這樣精采。

附錄

哪些地方可以做避靜？

編輯部

哪些地方可以做避靜？

如果，你想要避靜，可以參考星火文化編輯部蒐集的以下資訊。

抱歉囿於篇幅，我們無法詳細列舉，有很多遺珠。建議讀者上網google，用「避靜」、「靈修中心」、「retreat」等關鍵字，找到你附近的避靜院。

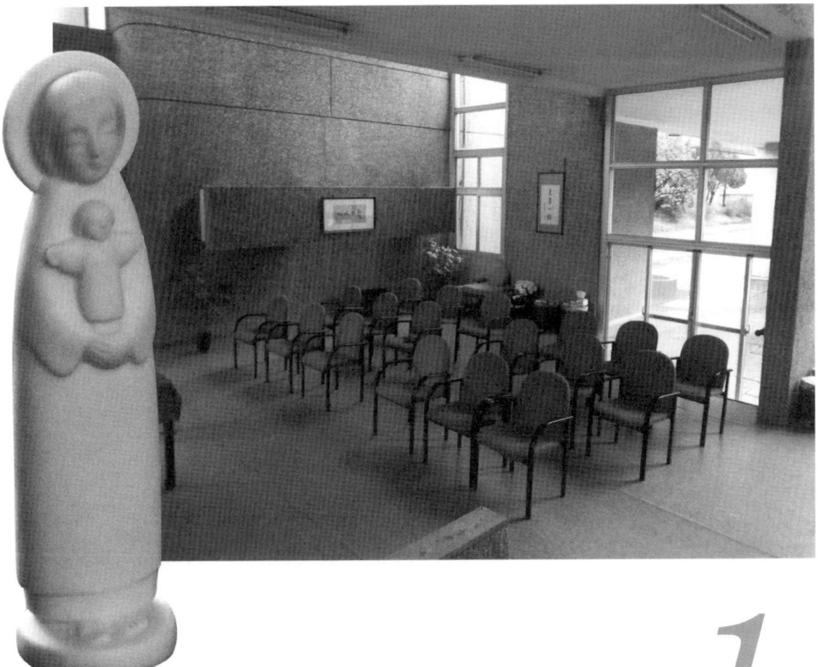

1

八里聖心靈修中心

這是書寧做避靜的地方，位於聖心女中校園內。做避靜的環境和景緻，書寧在書中有很生動的描述。

地址　新北市八里區龍米路一段二六三號（聖心女中內）
電話　＋886-2-26182281
電郵　shscbali@yahoo.com.tw

◎ 感謝靜山靈修中心提供照片。

2

靜山靈修中心

歷史悠久的靜山，吸引許多避靜愛好者。
名字中有個山，其實是個小山丘。進了山腳下的大門往上走，爬得稍微熱起來右轉就到了。此處有幽靜的氛圍，夜晚俯瞰彰化市的夜景，很有遠離塵世的fu。

地址　彰化市大埔路二巷一弄四十號
電話　＋886-4-7122259
電郵　secmanresa@gmail.com

3

真福山

已故樞機主教單國璽留給臺灣教會的禮物，在二〇一〇年完工。占地二十八公頃，除了親近天主的教堂，還有生態池、有機植物園、親山步道、景觀台和大草原，是結合宗教與生態的鄉林空間。

地址　高雄市杉林區杉林里合森巷一六〇號
電話　＋886-7-6772345
電郵　mountbeautitude@gmail.com

4

淡水聖本篤靈修中心

聖本篤是隱修之父，本篤會的修女自一九六〇年代便在此地隱修。出了淡水捷運站，沿著學府路往上走，步行約十五分鐘可達。

地址　新北市淡水區學府路三十四巷十號
電話　＋886-2-26212241

5

納匝肋靈修中心

這是由瑪利亞方濟各傳教女修會管理的避靜院，位於新竹市郊，但從新竹火車站距離只有一・五公里。附近有十八尖山登山步道，來回約一小時。

地址　新竹市東區高峰路一一一號
電話　＋886-3-5224341

Shu-ning

6

香港長洲思維靜院 Xavier House

這個在香港離島長洲的避靜院已經有六十六年的歷史。可在中環五號碼頭搭船，在長洲下船，往右邊高處望，就可以看到思維靜院的十字架。避靜院在山丘之上，放眼即是湛藍的海洋，還可見到漂亮的沙灘。提供多位避靜神師及靈修陪伴者。
敬請自備衛生用品及防蚊藥品。

地址　香港長洲山頂道二十七號
電話　＋852－29810342
電郵　xhisc@ignatian.net

◎ 感謝香港長洲思維靜院提供照片。

◎ 感謝道風山基督教叢林提供照片。

道風山基督教叢林
Tao Fong Shan Christian Centre

歷史悠久的道風山是由瑞典牧師艾香德牧師創立，由於位於山中，四季分明，是避靜的好所在。設有明陣（見右頁上），形似迷宮，並無死巷高牆等令人困惑的設施，人行走於其間，可使心神收斂，更敏於接收天主的訊息，是一種逾千年歷史的靈修傳統。或許你已注意到，書寧做避靜的靈修中心也有一處明陣。

該機構是由丹麥建築師艾術華設計，呈現徽派特色的中國式建築群，吸引不少行山客（即登山客）的目光。從沙田站下車，步行二十分鐘可達。

地址　香港新界沙田道風山路三十三號
電話　+852-26944038
電郵　contact@tfscc.org

7

8 新加坡活泉靈修中心

LifeSprings Canossia Spirituality Centre

由天主教嘉諾撒女修會（Canossia Sisters）管理，提供華語與英語避靜。避靜中心的建築和氛圍很有南洋風情，讓人立刻放鬆下來。

地址　100 Jalan Merbok Singapore 598454

電話　＋65－64662178

電郵　lifesprings@singnet.com.sg

9 菲律賓聖言會碧瑤避靜院

SVD Retreat House

在此僅介紹菲律賓此一避靜院。碧瑤位於呂宋島北部，海拔一千五百公尺，氣候常年涼爽。聖言會在菲律賓的傳教歷史逾百年，也是該國最大的修會團體。菲律賓係天主教國家，避靜院相當多。

地址　Sunnyside, Arellano St, Baguio,
　　　2600 Benguet, Philippines.

電話　＋63－7424422854

國家圖書館出版品預行編目資料

走入心中：避靜的好處／許書寧作．

--- 初版，-- 臺北市：星火文化，2019 年 2 月

面；公分．（為愛旅行；005）

ISBN 978-986-95675- 7-2 （平裝）

1.. 基督徒 2. 靈修

244.93 107021713

為愛旅行 05

走入心中——避靜的好處

作者	許書寧
封面設計及內頁排版	Neko
總編輯	徐仲秋
出版	星火文化有限公司 台北市衡陽路七號八樓
營運統籌	大是文化有限公司
業務‧企畫	業務經理林裕安　業務專員馬絮盈　業務助理王德渝 行銷企畫汪家緯　美術編輯張皓婷 讀者服務專線 02-23757911 分機 122 24 小時讀者服務傳真 02-23756999
法律顧問	永然聯合法律事務所
香港發行	里人文化事業有限公司“Anyone Cultural Enterprise Ltd” 香港新界荃灣橫龍街 78 號 正好工業大廈 22 樓 A 室 22/F Block A, Jing Ho Industrial Building, 78 Wang Lung Street, Tsuen Wan, N.T., H.K. Tel ：(852) 2419 2288　Fax ：(852) 2419 1887 Email: anyone@biznetvigator.com
印刷	韋懋實業有限公司

■ 2019 年 2 月初版　Printed in Taiwan

ISBN 978-986-95675-7 -2　定價／ 260 元